W0172273

Dagmar Witte

Schräge Gedichte

Impressum

Texte:	*Dagmar Witte*
Illustrationen:	*Helga Maria Reichart*
Satz und Layout:	*Angela Schulz, www.verlag-bauer.de*
Verlag:	*BAUER-VERLAG GmbH Thalhofen, www.verlag-bauer.de*
ISBN:	*978-3-95551-173-9*

Dagmar Witte

SCHRÄGE GEDICHTE

Illustrationen
Helga Maria Reichart

6  Der Geiger

9  Störgeräusche

10  Am Strand

12  Der arme Stuhl

15  Computersehnsüchte

19  Kriminelle Energie

20  Der blaue Stuhl

23  Nichts als Pannen

27  Mörderischer Sonntag

30 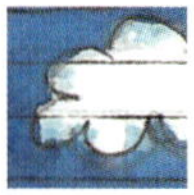 Winterblues

33  Gefährlicher Urlaub

34  Kopfweh

36  Frühlingsfrust

39  Osterhäschen

40  Sorgenfresser

44  In der Wanne

47  Alptraum

50  Der Ohrwurm

52  Verzweifelt gesucht...

54  Unterm Apfelbaum

56  Fiese Saboteure

58  Arbeitsoptimierung

61  Schlaflos

62  Die Nase

Der Geiger

Er nannte einen Traum sein Eigen –
wollte wie Paganini geigen.
Doch a) fehlte ihm das Gehör
b) tat er sich beim Üben schwer.
Deswegen musste es missglücken,
das Auditorium zu entzücken.
Nur war er halt immer der ganz Nette –
da ertrug man grausame Sonette,
Präludien nur unter Tränen –
aus Rührung, mochte er da wähnen,
denn niemand wagte zu gestehn,
so sei Musik wirklich nicht schön.
Niemand wagte klar zu sagen,
was er so geigt - nicht zu ertragen.
Drum hörte er nicht auf zu geigen,
wollt seine Kunst der Menschheit zeigen.
Nahm stolz eine CD noch auf
mit seinen Lieblingsstücken drauf.
Auch jetzt wollt niemand sich blamieren,
den Schreckensgeiger kritisieren.
Und die CD – oh, welch ein Hohn,
gehörte schnell zum guten Ton.
Ein jeder, der was auf sich hält,
hat sie sich ins Regal gestellt.
So stieg der Geiger immer weiter
steil rauf auf der Karriereleiter.
Und nur, weil alle Opfer schweigen,
hört er wohl niemals auf zu geigen!

SSCHNARCH

Störgeräusche

Der letzte Urlaub ist lang her,
und darum freu ich mich so sehr:
Bin wieder hier - wieder am Meer.
Der erste Tag war wunderbar –
das Meer tiefblau, das Wasser klar.
Bin viel gelaufen, viel geschwommen,
und dann müde zurückgekommen
in das Hotel direkt am Strand
mit Blick auf Meer und weißen Sand.
Jetzt öffne ich die Fenster weit,
bin schon zum Schlafengehn bereit,
atme noch tief den Sommer ein
und krabble in mein Bett hinein.
Vom Meer dringt leises Wellenrauschen
zum Fenster herein bis an mein Ohr.
Ich möchte gern den Wellen lauschen,
doch ein Geräusch schiebt sich davor,
denn aus dem Zimmer neben mir
schnarcht es durch die Verbindungstür.
Ich versuche, den Schnarcher zu ignorieren,
mich aufs Meeresrauschen zu konzentrieren.
Fast wäre mir das auch gelungen –
doch plötzlich ist das Geräusch verklungen.
Ich denke mir „was für ein Glück“
und lege mich entspannt zurück.
Doch bevor der Schlaf mich übermannt,
schnarcht es laut ratternd durch die Wand,
und in Bruchteilen von Sekunden
habe den Schlaf ich überwunden.
Bin so hellwach wie kaum vorher –
aber jetzt schnarcht da niemand mehr.
Ganz langsam geht der Blutdruck runter
doch leider bin ich jetzt putzmunter.

Ich stehe auf, blicke aufs Meer,
denn das beruhigt meistens sehr,
dann kriech ich wieder in mein Bett
und denke „Ruhe wär jetzt nett!“

Von nebenan dringt nicht ein Ton.
Gefährlich ist das Schnarchen schon!
Hat er schon wieder Atemnot
oder – mein Gott – ist er schon tot?
Doch ein Megaschnarcher holt zum Glück (?)
ihn zu den Lebenden zurück.
Ich hämmere mit meiner Hand
wütend gegen die Zimmerwand.
Die Hand, sie schmerzt, ich bin hellwach –
von nebenan kommt weiter Krach.
Ich wälze mich in meinem Bette,
denke Gedanken, gar nicht nette,
bis Morpheus mich doch noch erlöst:
Bin gegen fünf dann eingedöst.
Doch leider dauert diese Nacht
nur bis um acht.
Denn da dringt schon lautes Rumoren
an meine arg geschundnen Ohren.
Mit Augenringen in Aubergine
schlepp ich zur Rezeption mich hin.
Schiebe den Zimmerschlüssel rüber,
sage, ich sei total hinüber,
dass nächtens ich Ruhe brauche BALD!
Sonst mach ich nebenan den kalt.
Nicht nötig, wird mir gleich erklärt,
weil der ja sowieso abfährt.
Hat heute Morgen ausgecheckt.
Mit letzter Kraft denk ich „Perfekt!“

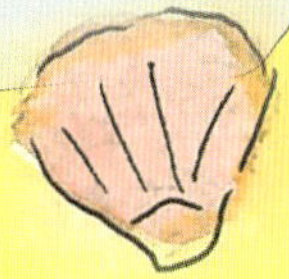

Am Strand

Die Bienen summen, Bäume grünen,
und ich lieg faul hier in den Dünen.
Ich seh zu, wie der Himmel blaut,
fühl mich sauwohl in meiner Haut.
Ein bisschen Wind streicht übern Bauch,
das mag ich auch.
Die Wellen plätschern an den Strand,
ich grab die Zehen in den Sand.
Guck zu, wie oben Möwen kreisen,
und hoff, dass sie nicht runterscheißen!
Und ab und zu hör ich sie schrein.
So muss das sein.

AM STRAND
AM STRAND
SUN
CREAM

Der arme Stuhl

Der arme Stuhl dauert mich sehr!
Ein Tisch, der macht doch viel mehr her:
Der Tisch wird mit Damast geschmückt,
am Stuhl wird Hintern plattgedrückt.
Oben am Tisch duftet´s nach Brot,
den Duft am Stuhl – schweigen wir´n tot!
Wenn wir dann aus den Schuhen schlüpfen,
könnten beide vor Freude hüpfen.
Nur eines kann die zwei vereinen:
Ein Minirock mit Superbeinen,
am liebsten noch in schwarzer Seide,
davon träumen sie alle beide.

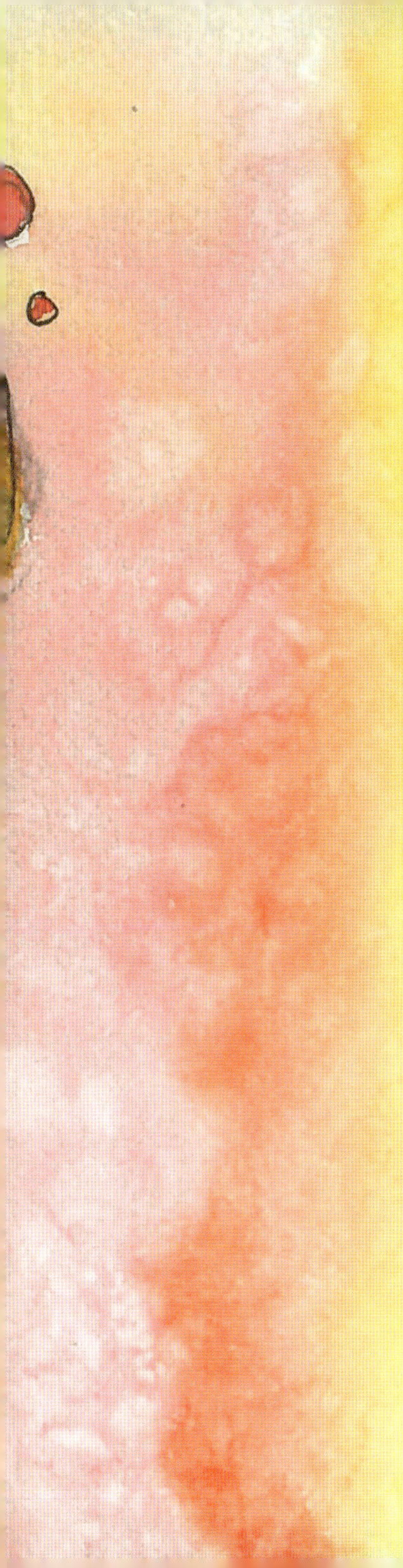

Computersehnsüchte

In meinem nächsten Leben wär ich gerne
ein elektronisches Gerät.
Man hätschelte und pflegte mich,
weil „ohne“ nichts mehr geht.
„Computer“ wär mein Herzenswunsch
mit ganz viel Speicherplatz.
Wer mich nimmt, hat sich’s überlegt, ich wäre ihm viel wert
und dann ein echter Schatz.

Mit meinem User teilte ich
jahrelang Freud und Leid.
Ich wär der beste Freund für ihn und stets einsatzbereit.
Denn ich hab Kontakt zu Suchmaschinen,
kann jeden Auskunftswunsch bedienen.
Hat er Probleme mit irgendwas,
such ich nach Lösungen weltweit.
Doch auch wenn gar nichts ihm gefällt –
wir haben niemals Streit.
Ich weiß, was ihn so interessiert –
da bin ich stets ganz Ohr;
auch wenn er es selbst noch nicht weiß –
ich schlag es ihm dann vor.

Sein Leben und auch meins -
SIND EINS !

Ich wüsste alles, was passiert:
Was er zuhaus je repariert,
was er versichert hat,
wann er mit wem und wo mal war,
wer was arbeitet, wie heißt,
und auch, wer wann Geburtstag hat –
ich wär's, der alles weiß.
Seine besten Freunde wär'n mir nah,
so als ob's meine wär'n.
Denn ich verschicke alle Mails
nach nah und auch ganz fern.
Die Freundinnen kenn ich genau,
auch den ganz aktuellen Schatz.
Er speichert sie ja alle ab.
Ich hab viel Speicherplatz!

Ich wüsste, wie viel er Miete zahlt,
wohin er in Urlaub fährt.
Ich wüsste, wann er ins Kino geht
und was ihm so gehört.
Und wird er ab und zu geblitzt,
weil er zu schnell gefahren,
wüsst ich genau, was er dann zahlt –
und das seit vielen Jahren.

Wenn mein User mal was vergisst –
er kann mich alles fragen,
wenn er mir nur das Passwort schreibt,
werd ich ihm alles sagen.
Denn was man heutzutage braucht,
merkt sich kein Sterblicher.
Nur ich, ich wüsste das genau,
wenn ich Computer wär.

Sein Leben und auch meins -
SIND EINS !

Selten bin ich unkonzentriert
und dann auch schnell mal abgeschmiert.
Dann kann ich meinen User sehn –
er würd' mir gern den Hals umdrehn.
Doch hab ich keinen – bloß Kabel, Laufwerk, Monitor.
Da tobt und schreit er dann davor.
Beleidigt mich, beschimpft mich wüst,
wohl wissend , dass ihm das nichts nützt.
Ganz fasziniert seh ich ihm zu
und irgendwann kommt er zur Ruh.
Und startet den Versuch erneut.
Wenn es dann klappt, ist er erfreut,
streichelt über den Monitor,
als wär nix gewesen kurz zuvor.

Doch wenn etwas verschwinden soll
aus meinem Speicher - das ist schwer!
Informationen, die ich hab,
gebe ich nie mehr her.
Ich hab sie längst weitergeschrieben.
Nun stehn für immer sie im All,
in einer Wolke, vielleicht sieben.

Und ginge es mir einmal schlecht
und ich stürzte dauernd ab,
käme sofort ein Spezialist,
um zu sehen, was ich hab.
Wenn nur noch Blödsinn mir passiert,
werd ich halt neu konfiguriert.
Als Computer säh vieles ich gelassen:
Könnt ich die Daten nicht mehr fassen,
kriegt ich ne neue Speicherplatte
mit noch mehr Platz drauf, als ich hatte.
Ich würde nicht grau, kriegt' keine Falten.
Selbst die Figur würd' ich behalten,
obwohl ich wirklich jeden Tag
Strom fressen dürfte, so viel ich mag.
Und wenn ich alt und langsam wär,
gäb es kein langes Siechtum mehr.
Man zöge nur den Stecker raus

Und -
AUS

...doch halt,
es soll da Leute geben,
die den Elektroschrott aufheben.
Aus Metall, Kunststoff und mehr
stellen sie neue Dinge her.
Aus meinen Kabeln und Platinen
bauen sie neue Denkmaschinen.
Und wenn mein Karma es gut meint,
sind meine Teile neu vereint.
Wer weiß, vielleicht bin ich ja heute schon
eine Elektro-Reinkarnation.

100$
10 $
10$
50 $
100$
100$
50$
100$
1$
100 $

Kriminelle Energie

Ich sitze hier im warmen Sand
mit Muschelschalen in der Hand,
träume hinauf ins tiefe Blau
und denke mir, dass ich genau
hier bleiben möchte Jahr um Jahr.
Und mitten aus den Dünen raus
da schaut mein Traum: ein Reetdachhaus.

Nur eine Frage ist prekär:
Wo kriegt das viele Geld man her,
das für den Wunschtraum nötig wär?
Denn mit Arbeit und mit Sparen
schafft man das nicht in hundert Jahren.

Nur einen Weg gibt´s , so könnt´s klappen:
Man muss wohl irgendwen kidnappen!
Und mit den Lösegeldmillionen
lässt sich´s gut in den Dünen wohnen.
Doch die Wahl ist ziemlich schwer –
ein Promi-Opfer müsste her!
Vielleicht gäb´s ja im Bundestag
jemand, der da mitmachen mag.
Vielleicht auch einen Wirtschaftsboss.
Allein, das Risiko ist groß:
Da fängt man sich so einen Knaben -
und keiner will ihn wiederhaben!
Und wird ihn, die Gefahr ist groß,
lebenslänglich nicht mehr los.

Der blaue Stuhl

Es stand in einem Möbelhaus
ein blauer Stuhl.
Man schmiss ihn raus
aus der brandneuen Kollektion.
Man dachte sich, wer will denn schon,
dies eine blaue Einzelstück?
Er rutschte immer mehr zurück
und schließlich schob ihn wer ganz weg –
nach hinten, in ein dunkles Eck.

Niemand kam mehr und setzte sich
und sagte: „Der wär was für mich.“
Niemand kam mehr, sich auszuruhn.
Es gab für ihn nichts mehr zu tun.
Ganz einfach, weil ihn niemand sah.
Es war, als wär er nicht mehr da.

Doch eines Tags ist es geschehn:
Ein kleines Mädchen, vielleicht zehn,
hat unsern blauen Stuhl gesehn
und rief begeistert: „Den, genau
so einen wollt ich und in Blau!“
Hat flehend die Eltern angesehn:
„Der darf nicht in der Ecke stehn,
dafür ist der doch viel zu schön!“

Der Stuhl konnte sein Glück kaum fassen.
Hat sich sehr gerne kaufen lassen.

Nichts als Pannen

Im Esszimmer, hab ich gesehn,
ist die Tapete nicht mehr schön.
Über der Heizung ziemlich gräulich
und auch der Rest ist nicht erfreulich.
Kann auch das Muster nicht mehr sehn –
da muss dringend etwas geschehn !

Ich suche Nummern, rufe dann
im Umkreis alle Maler an.
Trostlos, was ich so erfahre:
ausgebucht, und das auf Jahre.
Manchmal heißt`s noch „vielleicht ab Mai
im nächsten Jahr kommt wer vorbei
und sieht sich dann das Zimmer an,
ob man es noch einplanen kann".
Nach Kosten wage ich noch zu fragen.
Es heißt, man kann`s nur überschlagen.
Nennt den Betrag – ich denk, ich spinn -
da ist wohl noch das Haus mit drin.
So komm ich langsam zu dem Schluss,
dass ich es selber machen muss.

Drum hab` Tapete ich bestellt
und Farbe und was sonst noch fehlt.
Und heute ist genau d e r Tag,
an dem ich renovieren mag.
Kleister, Tapete, Tisch dafür,
Leiter, Kekse und ein Bier,
noch Rolle, Spachtel, Moltofill
und ich hab alles, was ich will.
Dann mache ich mich voll Elan
ans Entfernen der alten Tapeten `ran
Ich weiche sie mit Wasser ein,
dann ziehe ich dran und denk
„Oh nein !" .
Denn darunter befindet sich
ein rosaroter Ölanstrich,
der, teils krümelig, teils glatt
hier wirklich nichts zu suchen hat.
Für die Tapete drauf, ich weiß,
da braucht man Wasser, ziemlich heiß.
Muss alles mehrmals gut durchnässen.
Tapetenlöser nicht vergessen.

Bei den Krümeln, da, wo`s hohl,
saugt die Tapete sich schnell voll.
Sie löst sich schon beim ersten Schritt
und nimmt auch gleich den Putz noch mit.
Da, wo sie gut auf rosa pappt,
geht sie so gut wie gar nicht ab.
Hilft kein Tapetenlöser mehr,
muss hier wohl der Spachtel her.
Den Rest des Tages kratze ich
Tapete von dem Ölanstrich
und mit viel Sauerei und Kraft
hab ich´s nach einem Tag geschafft.
„Es könnte wohl kaum schlimmer sein“,
denk ich und packe abends ein.

Am nächsten Morgen, frisch gestärkt,
will ich – na klar – sofort ans Werk.
Doch ich muss nur auf die Wände schauen
und schon packt mich das Morgengrauen:
noch rosa Krümel an der Wand
und ansonsten weites Kraterland.
Ein Seufzer lässt sich nicht vermeiden,
doch schließlich kann es so nicht bleiben!
Mit Unmengen Schmirgelpapier
entferne ich die Krümel hier.
Und wer Spachtelmasse hat,
der kriegt auch Krater wieder glatt!
Am Ende des Tages denke ich
„es ist ja schon ganz ordentlich“.

Nur ich, ich seh aus wie ein Schwein,
muss dringend in die Wanne rein.
Bin eingestaubt von Kopf bis Zeh
in grau - rosé .

Am nächsten Morgen geh ich dann
ans Streichen der Zimmerdecke ´ran.
Mit Vorsicht, weil Rauhfaser drauf,
roll ich die Deckenfarbe auf.
Nach einer guten Stunde dann
bin ich fertig und ich schau mir´s an.
Doch was ist das ???

Die frisch gestrichne Zimmerdecke
ist rund um die Lampe voller Flecke !
Naja, so schnell geb ich nicht auf
und rolle nochmal Farbe drauf.
Doch schon beim Rollen merke ich:
es wird scheckig und es deckt auch nicht.
Ich schimpfe laut auf diesen Mist,
der Farbe heutzutage ist,
dass von Ökozertifikat
mein Rücken schlichtweg gar nichts hat.
Doch wenn´s nicht deckt, denke ich mir,
gibts ja vielleicht ´nen Grund dafür.
Und während ich so meditier....
Vor langer Zeit, so dämmert mir,
war doch mal eine Feier hier
und haargenau zu dieser Zeit
wurde der Tischgrill eingeweiht.

Man hat gegrillt, was möglich war:
Gemüse, Würstchen wurden gar
auch Steaks, roh oder mariniert -
wir haben alles ausprobiert.
Ich seh es noch genau vor mir
wie`s brutzelte und zischte hier.
Seh auch nach jedem lauten Zischen
die Schwaden deckenwärts entwischen....
Da wird mir klar, total entsetzt:
Drum klappt`s nicht mit dem Streichen jetzt !
Das Fett zog in die Decke ein.
Ein dritter Anstrich muss wohl sein.
Mit deutlich weniger Elan
fang ich nochmal von vorne an.
Jetzt geben die Flecken endlich Ruh' -
die Farbe deckt sie alle zu.
Und trotz zusätzlichem Gewicht:
Die Deckentapete löst sich nicht.
Es könnte durchaus viel schlimmer sein,
denk ich und pack für heute ein.

Als ich am nächsten Morgen seh
Decke und Wände sind o.k.
mach ich voll Vorfreude mich dann
sofort ans Tapezieren `ran.
Von Wohnzeitschriften inspiriert
weiß ich, das ist schnell tapeziert.
Doch die Tapete hat Rapport.
Ich tüftle, messe in einem fort,
kletter die Leiter runter, wieder rauf.
So langsam gibt mein Knie dann auf.
Ich mache auch allmählich schlapp,
obwohl ich noch viel Arbeit hab.
Na gut, ich sehe es ja ein:
Zwei Tage werden es wohl sein,
die ich bis Fertigstellung brauch.
Ich schaff das schon – und mein Knie auch!
Am Ende dieser beiden Tage
bin ich fertig und ohne Frage:
Das Resultat ist einfach klasse.
Ich freu mich riesig und ich fasse
ganz insgeheim schon den Entschluss,
dass ich den Flur noch streichen muss.....

Mörderischer Sonntag

Am Sonntag kann ich´s kaum erwarten:
Ein kleiner Rundgang durch den Garten!
An Rosen schnüffeln, Erdbeern naschen
(ich weiß, die Erdbeern soll man waschen).
Doch überall Krabbelgetier!
Blattläuse da, Blattläuse hier!
Und von den Dahlien - gestern noch schön,
seh ich nur kahle Stiele stehn.
In meines Rasens grüner Pracht
haben Ameisen sich breit gemacht.
Auf braunen Hügeln, elf an der Zahl,
da wächst nichts mehr, alles ist kahl!

In mir tobt Wut und Zorn zugleich,
wartet nur - ich kriege euch!
Mordlüstern geh ich an den Schrank.
Ist denn noch Gift da? Gott sei Dank!
Mit Totenkopf auf der Spraydose
mach ich mich auf zu meiner Rose
und nebel all die Viecher ein.

Wär doch gelacht - ich krieg euch klein!
Und auch die Schleimer mit den Hörnchen
bekommen ein paar blaue Körnchen.
Gegen Ameisen wird bei Nacht
ein weißes Pulver ausgebracht.
Ich stell es mir schon mal bereit,
denn bis es Nacht wird, ist noch Zeit.
Und keinesfalls möcht ich riskiern
den Überblick hier zu verliern.
Auch gegen Unkraut auf den Wegen
spritze ich noch, weil grad kein Regen.
Nach Einsatz all dessen, was ich hatte,
lieg ich in meiner Hängematte,
schaukel zufrieden vor mich hin,
weil ich mir ziemlich sicher bin,
dass bei der nächsten Inspektion
hier alles grünt und blüht wie nie.
Ein Dank der Pharmaindustrie!

Selbstverständlich werden Blatt- und andere Läuse nur mit Kernseifenlösung oder von den Meisen bekämpft, um die Schnecken kümmern sich diverse Igel, Unkraut wird ausschließlich selbst von Hand gejätet und für die Ameisen ist der ortsansässige Grünspecht zuständig.

Winterblues

Wenn ich aus meinem Fenster schau,
dann seh ich schon seit Wochen „Grau“,
gemischt mit etwas tristem Braun.
Ich mag nicht aus dem Fenster schaun!
Der Nebel hängt in allen Bäumen,
von Sonnenschein kann man nur träumen
und düst`re Nebelschwaden wabern
vom Himmel direkt mir ins Gemüt.
Den Himmel kann man nur erahnen,
weil man ihn lang schon nicht mehr sieht,
und selbst der größte Optimist
dass Himmel blau sein kann vergisst.
Die Sonne hat sich gefühlt seit Wochen
auf Nimmerwiedersehn verkrochen.
Sie fehlt mir und Wärme und auch Licht
So mag ich Winter einfach nicht!

Denn stehe ich des Morgens auf
und zieh die Jalousien rauf,
blick ich anstatt in Himmelblau
in Nieselregendauergrau.
Die klamme Kälte kriecht seit Wochen
erbarmungslos in alle Knochen
und um fünf Uhr wird es Nacht.
„So geht das nicht“, hab ich gedacht
und mich auf den Weg gemacht.

Was ich jetzt will, weiß ich genau:
´nen großen Farbtopf mit Hellblau,
noch Gelb dazu und Weiß in klein
und Pinsel und dann fahr ich heim.
Mit Akribie und mit Elan
mal ich die Rollläden innen an.
Ich streiche sie schön himmelblau
mit vielen Schäfchenwolken drin,
dass, wenn ich aus dem Fenster schau,
ich sofort guter Laune bin.
Dann wird ein Lämpchen installiert,
das Sonnenschein mir imitiert.

Werd ich ab heute morgens munter
und zieh die Jalousien hoch
und blicke draußen in Grau-Braun,
lass ich sie sofort wieder runter,
denn ich weiß doch,
wenn ich j e t z t aus dem Fenster schau,
dann ist der Himmel himmelblau
und kleine weiße Wölkchen ziehn
quer über meine Jalousien.
Auf Knopfdruck gibt`s noch Sonnenlicht
und selbst Sauwetter stört mich nicht.

Gefährlicher Urlaub

Im Meer, da schwimmt ein weißer Hai
ganz dicht am Badestrand vorbei.
Ein Krokodil in sattem Grün
schwimmt knapp fünf Meter hinter ihm.
Doch niemanden scheint das zu stören –
ich hab noch keinen schreien hören.
Vielleicht, weil ist die Luft erst raus,
ist's mit Gefährlichkeit schnell aus!

Kopfweh

In meinem Kopf wohnt seit Äonen
ein kleiner Kerl mit Ambitionen.
Manchmal versteckt er sich für Wochen -
doch dann kommt er hervorgekrochen
und arbeitet wie ein Berserker
in meinem Kopf als Kopf-Heimwerker.
Da hämmert er von früh bis spät,
bis ohne Pillen nichts mehr geht.
Schlägt tausend Nägel in Holzlatten,
sägt kreischend große dicke Platten,
und mit Gequietsche und Geknall
bohrt er auch Löcher in Metall.
Und ab und zu, da kommt es vor,
bohrt er direkt vor meinem Ohr,
mit viel Gepfeife und Gedröhn.
Das ist n i c h t schön!
Den Amboss, auf den er immer haut,
hat hinter der Stirn er aufgebaut.
Schmiedet glühende Eisen dort.
Ich wünscht´, er wär für immer fort!

Oft habe ich schon nachgedacht:
ich wüsste gern, was er wohl macht.
Baut Möbel er oder Skulpturen?
Macht er Glocken für Kirchturmuhren?
Egal - wenn ich ihn mal erwisch,
dann mach ich aber reinen Tisch!
Zu allererst trät´ ich mit Wonne
alle Maschinen in die Tonne
und diese fiese kleine Ratte,
mit der ich nichts als Ärger hatte,
erschlüge ich mit einer Latte.
Und danach träte ich mit Wonne
sie in dieselbe graue Tonne!

Doch leider ist mein Kopf verschlossen
und er werkt weiter unverdrossen.
So wünsch ich ihm halt schlimme Dinger:
zum Beispiel Gicht in seine Finger,
Schlaganfall oder Herzversagen,
am besten gleich mit Exitus.
Dann wär mit Werken endlich Schluss.

Fortan hätte im Kopf ich Ruh;
danach sehn ich mich immerzu.
Dann wär da Platz für and´re Sachen,
die deutlich mehr Vergnügen machen!

Frühlingsfrust

*„Ein wunderschöner Frühlingstag
mit blauem Himmel, wie man´s mag,
Temperaturen bis 18 Grad“ -
war, was man uns versprochen hat.
Gestern, im Fernseh-Wetterbericht,
wo meistens ein Insider spricht.
Drum gab's für mich kein Halten mehr:
Sonne satt - das muss jetzt her!
Cappuccino, Kissen und Buch,
denke ich mir, das ist genug,
um einen Frühlingstag wie diesen
draußen so richtig zu genießen.*

*Jetzt sitz ich gefühlt schon stundenlang
auf meiner Lieblingsgartenbank
und warte drauf, dass Sonnenstrahlen
durch dunkelgraue Wolken fallen.
Mit Wärme ist's auch nicht weit her:
Vielleicht acht Grad - sicher nicht mehr.
Doch so schnell gebe ich nicht auf -
ich pack mir noch ´ne Decke drauf
und denke ernsthaft drüber nach,
ob ich ´ne Wärmflasche mir mach!
Gesagt, getan, ich sitz wieder hier
und frier!
Meine Finger und die Zehen
kann ich nicht mehr spüren, nur noch sehen.
Jetzt stellt sich leichter Wind noch ein.
Ich fürchte schon, bald wird es schnein.
Dann geh ich rein !!*

FRÜHLINGS-
ERWACHEN

BERÜHREN
STRENGSTENS
VERBOTEN!

Osterhäschen

Auf meinem Tisch steht noch ein Ei,
doch Ostern ist schon längst vorbei.
Drumrum sind kleine Schokohasen
mit diesen süßen Schnuppernasen.
Ich bin zwar manchmal recht verfressen,
doch diese Häschen aufzuessen,
erscheint mir wie Gemeinheit pur.
Wie kann man nur!

Jedoch, so interfamiliär,
man weiß das ja, da ist meist wer,
der sie im Argusauge hat
und sie, falls eines Nachts nicht satt,
völlig ohne Empathie schält, zertrümmert und verspeist
und natürlich nicht sagt, wie er heißt.
Doch lässt sich dies grausame Morden
durch Krümel im Bett meist leicht verorten.

Die Erkenntnis jedoch ist obsolet.
Für Reanimation ist es zu spät!

Sorgenfresser

Seit langem geht´s mir nicht mehr gut
und keiner weiß, was man da tut.
So viele Sorgen drücken mich –
das Leben erscheint ganz fürchterlich!
Und weil kein Arzt, kein Therapeut
mir helfen kann, dass mich was freut,
werd´ ich zum Spielzeugladen laufen
und mir ´nen Sorgenfresser kaufen.
Die Verkäuferin, die mich berät,
sagt mir, dass dies Produkt gut geht
und deshalb hat sie nur noch vier.
Die lägen hier.
„Kindergeburtstag?“, fragt sie dann,
„die kommen sicherlich gut an!“
„Oh nein!“, sag ich, „Sie täuschen sich –
die vier sind alle nur für mich.
In einen geht nicht genug rein,
für mich sind alle hier zu klein!“
Ich seufze noch: „Ich hoff, das reicht!“
und kaufe diese vier auch gleich.
Zwei Wochen sei noch Umtauschrecht,
und auch das find ich nicht schlecht.

Tags drauf nehm ich sie ins Büro,
und wie es scheint, sind alle froh
und kommen nacheinander rein,
um sie sich mal kurz auszuleihn.
Abends bei mir zu Hause dann
sind endlich meine Sorgen dran.
Und bis ich nicht mehr sprechen kann,
text ich sie zu und schlafe dann
zum ersten Mal seit langer Zeit
tief, traumlos, von Sorgen befreit.
Am nächsten Morgen denk ich mir:
„Sie sehen nicht gut aus, alle vier."
Heut lasse ich sie mal zu Haus,
vielleicht ruh'n sie sich etwas aus.
Doch abends sind sie wieder dran.
Ich rede, bis ich nicht mehr kann.
Und prompt schlafe ich tief und gut,
bin morgens fit und ausgeruht.
Das sind tolle Sorgenfresser.
Seit ich sie hab, geht´s täglich besser.
Und die Kollegen im Büro
lieben die Fresser sowieso.

Das geht so zehn Tage lang,
dann sehn sie aus, als wär´n sie krank.

Alle Kollegen stellen fest,
dass ihre Farbe stark nachlässt.
Das fröhlich Bunt wird zu graugrün.
Drum geh ich mit allen vieren hin
zum Spielzeugladen, denn da drin
hab ich noch vier Tage Umtauschrecht.
Ich sag: „Vielleicht ist ihnen schlecht.“
Oder - fast hätte ich's vergessen:
„Vielleicht haben sie sich überfressen.
Sie sind wohl keine guten Esser,
diese vier kleinen Sorgenfresser.“
Der Verkäuferin sieht man schon an,
dass sie da wohl nichts machen kann.
Sie wird meine vier Sorgenfresser
zum Hersteller schicken, der weiß besser,
wie man sie fachgerecht entleert,
ohne dass irgendwer erfährt,
was sie in sich hineingefressen,
denn das gehört ganz schnell vergessen.
Am Abend bei mir zu Hause dann
vermisse ich meine Sorgenfresser.

Ich hoffe, ihnen geht´s bald besser
und dass man ihnen helfen kann.
Ich nehme mir vor, sie mehr zu schonen:
Nur Sorgen erzählen, die sich lohnen.
Doch was will ich ihnen erzählen –
ich merke, dass mir Sorgen fehlen.
Die einzige Sorge, die noch bleibt,
ist die um meine Sorgenfresser.
Aber in spätestens acht Tagen
sind sie so gut wie neu zurück.
Was für ein Glück!

In der Wanne

Ich sitze in der Wanne
und pfeife vor mich hin.
Da fliegt mich eine Schnake an
nach „Stechen“ steht ihr Sinn.
Die Schnake setzt sich auf mein Knie,
doch stechen wird sie nie!

Kaum seh ich sie,
tauch ich mein Bein,
die Schnake fällt ins Wasser rein.
Wo sie nur kurz im Schaum verweilt,
eh sie durch mich der Tod ereilt.
Und die Moral von der Geschicht:
Beim Baden stört mich besser nicht!

HIER RUHT
AM BADEWANNEN-GRUND
DIE SCHNAKE

RIP

Alptraum

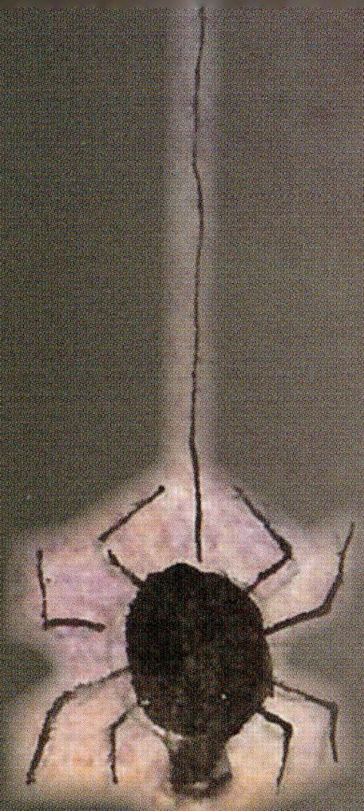

Es ist schon Nacht und Schlafenszeit.
Auf meinem Nachttisch liegt bereit
ein Horrorthriller mit Vampiren,
die mich in eine Welt entführen,
wo ich den ganzen Arbeitsstress
nach kurzer Zeit total vergess!
Wo Realität/Fiktion verschwimmt,
Zeitreisen für mich möglich sind.

Zwanzig Minuten Phantasie
verfliegen wie ein Augenblick
und schon bin ich im Bett zurück.
Es ist so spannend grad gewesen.
Ich würde gern noch weiterlesen,
doch kennt mein Wecker kein Erbarmen,
reißt mich um sechs aus Morpheus´ Armen.
So les ich noch ein kleines Stück
und lege dann mein Buch zurück.
Ich kuschel mich in die Decke rein
und schlafe augenblicklich ein.

Träum von Werwölfen und Vampiren!
Sie lassen mir das Blut gefrieren
Untote hör ich hämisch lachen.
Sie woll´n mich zu ihresgleichen machen.
Sie brauchen Blut, verfolgen mich,
ich renne, doch ich schaff es nicht.
Und nachts im bleichen Mondenschein
hol´n sie mich auf dem Friedhof ein.
Da steh ich vor der off´nen Gruft -
vor Angst bekomm ich kaum noch Luft
und über mir, da schwebt ein Geist,
der an meinen Haaren reißt.

Der Traum hat mich zu Tode erschreckt
und mich in Panik aufgeweckt.
Ich sitze im Bett, mein Herz schlägt laut,
fühl kalten Schweiß auf meiner Haut.
Ich denke mir „´s ist bloß ein Traum“,
jedoch mein Puls beruhigt sich kaum.
Ich stehe auf, geh etwas essen,
hoffe, den Traum so zu vergessen.
Blick auf die Uhr, es ist halb drei.
Hoffentlich ist der Spuk vorbei!
Will weiterschlafen - ohne Geist,
der mich aus meinen Träumen reißt.
Doch hab ich Angst, sie warten dort.
Auf jenem Friedhof, planen Mord.
„Was für ein Blödsinn“, denk´ ich noch,

JEDOCH:

Des Nachts, wenn Uhren lauter schlagen,
Gänsehaut über Rücken jagen,
Blätter im Nachtwind leise stöhnen,
Käuzchenschreie in Ohren dröhnen,
die Kommode knarzt mit achtzig Phon,
dann glauben wir die Dinge schon!

Wieder im Bett denk ich frustriert:
„Mit Pilcher wär das nicht passiert!“

Der Ohrwurm

Vor Kurzem hörte ich Musik.
Es war nur ein ganz kurzes Stück.
Und doch hat sich das Stück bis jetzt
in beiden Ohren festgesetzt!
So hör ich´s nun den ganzen Tag –
auch wenn ich es nicht hören mag.
Kein Fernsehn hilft, kein Briefeschreiben,
es nützt kein Ausgehn oder Bleiben.
Tagein, tagaus hör ich das Stück.
Ich glaub, ich werde noch verrückt!
Manch einer sieht mich komisch an –
vielleicht, weil er´s schon hören kann?
Oder weil ich – ob Büro, ob Bus –
stets mit den Füßen wippen muss?
Oft summe ich auch vor mich hin –
obwohl ich hochansteckend bin!
Ich seh auch gleich, wie´s funktioniert:
Schon wieder jemand infiziert!
Er wippt bereits mit einem Fuß,
ganz einfach, weil er wippen muss!
Und kann sich gegen ihn nicht wehren,
er wird ihn tagelang noch hören,
den OHRWURM: Die Gefahr ist groß,
man hat ihn schnell, wird ihn nicht los!
Rein gar nichts kann den Wurm vertreiben
so lang er will, wird er auch bleiben.

Mit Glück gerät er nach langer Zeit,
ganz einfach in Vergessenheit.
Doch wenn man schon meint, man wär´ ihn los,
dann reicht oft bloß
ein einziger Takt von der Musik
und der Ohrwurm ist zurück!

Verzweifelt gesucht …

Ein Kobold wohnt in meinem Haus
und macht sich einen Spaß daraus,
in allerunmöglichsten Ecken
Dinge von mir gut zu verstecken.
Kichert begeistert vor sich hin,
wenn ich dann auf der Suche bin
und vom Keller bis unters Dach
einen Riesenwirbel mach.

Nun ist das Haus auch ziemlich groß,
die Möglichkeiten grenzenlos!
Und ganz infam nutzt er sie aus:
Versteckt a l l e s im ganzen Haus!

Den Autoschlüssel liebt er sehr,
gibt ihn manchmal gar nicht mehr her!
Im Autohaus kann man´s kaum fassen –
ich muss ständig neue machen lassen.
Falls er den Schlüssel nicht gut versteckt,
hab ich ihn manchmal selbst entdeckt.
Ich fand ihn an skurrilsten Orten:
zwischen Backmischungen für Torten,
auch mal im Kühlschrank auf der Butter
und dann wieder beim Katzenfutter.
Kreativ ist er – muss man ihm lassen:

Kreditkarten in Blumenvasen,
mein Ring in einem Schuhkarton –
das sind nur einige von
zahllosen Attacken jedes Jahr,
an denen ER beteiligt war.

Selbst Bohrmaschinen, Fliesenschneider,
Winterstiefel und Sommerkleider
hat dieser Kobold schon versteckt.
Vor nichts ist er zurückgeschreckt !
Manch Schraubenzieher bleibt verschwunden –
wird erst nach Jahren aufgefunden.
Selbst vor Dessous macht er nicht Halt:
Bin auf der Suche jetzt schon bald
ein halbes Jahr nach dem BH,
der einst mein allerliebster war.
Es hilft kein Betteln und kein Flehen –
ich werd´ ihn wohl nie wieder sehen.
Bei Freunden habe ich erzählt,
wie sehr mich dieser Kobold quält.
Sie sagten gleich: „Das kennen wir.“
Und haben mir
den heil´gen Antonius empfohlen.
Ich ging gleich los, mir einen holen,
denn wenn Dinge einfach so verschwinden,
hilft er, sie wieder aufzufinden.
Anfangs hat es gut funktioniert,
doch bald ist gar nichts mehr passiert.
Ich fürchte stark, er leidet schon
recht heftig am Burnout-Syndrom.

Den Kobold glaub´ ich lachen hören:
„Antonius wird nicht mehr stören!“
Nur ich habe nichts mehr zu lachen,
muss alleine mich auf die Suche machen.
Der Kobold, schätz´ ich mal, wird bleiben
mich vollends in den Wahnsinn treiben.

ERIKA MUSTER
1234 5678 90
VISA

Unterm Apfelbaum

Bei Bauer Harms im Alten Land,
da stand ein Apfelbaum.
Die Äpfel waren alle klein
und meist mit Würmern drin.
Drum pflückte sie auch niemand ab.
Sie fielen einfach hin.
Deshalb roch´s unterm Apfelbaum
bis lange nach dem Frost
- nach Most.

Ein kleines Schwein mit Freiheitsdrang
riss aus und folgte dem Gestank.
Es fand unter dem Apfelbaum
ein Schweineparadies
mit vielen Äpfeln, die schon braun,
doch alle zuckersüß.
Da schlug es sich sein Bäuchlein voll,
so viel, wie passte rein.
Dann legte es sich untern Baum.
Es rülpste und schlief ein.

Dort fand es Bauer Harms - zum Glück,
der glaubte schon, er hätt´s verloren.
Aus kleinen Äuglein sah´s ihn an,
ein Grinsen zwischen beiden Ohren.
Laufen konnte es schon längst nicht mehr,
es kippte einfach um -
doch störte dies das Schweinchen nicht,
es grinste weiter dumm.

Da trug der Bauer Harms es heim,
ein Grinsen zwischen beiden Ohren.
Die Äpfel unter seinem Baum,
die waren wohl vergoren.

Fiese Saboteure

Vor ein paar Wochen traf ich wen,
den ich schon lang nicht mehr gesehn.
Wir fanden beide, es wär schön,
zusammen mal essen zu gehn.
Voll Vorfreude sah'n wir uns an
und meinten beide: „Tschüss, bis dann.
Ich ruf dich an."

Gesagt, getan.

Doch der Anrufbeantworter meldet mir,
sein Besitzer sei zurzeit nicht hier.
Ich könne, so es mir beliebt,
aufs Band ihm sprechen, wenn es piept.
Nun habe ich seit zwei, drei Wochen
ihm schon zigmal aufs Band gesprochen.
Aber entweder ist nie wer zuhaus,
oder der Kerl (AB) richtet nix aus.
Stattdessen, will es mir so scheinen,
unterhält sich sein AB mit meinem.

Es kommt mir vor, als warten sie schon
auf den nächsten Klingelton.
Kaum klingelt es, sprinte ich los,
doch die Entfernung ist zu groß.
Bevor ich „Sprechen" drücken kann,
ist der AB schon wieder dran.
Er hat, wie er gerade sagt,
auch diesmal das Gespräch vertagt.
So kann man keine Freundschaft pflegen –
dieser AB hält stets dagegen!
Zwecks Kommunikation, so wird mir klar,
muss man zurück dahin, wie's war.
Der AB kann mir gestohlen bleiben.
Ab jetzt werde ich Briefe schreiben.
Ich hoffe, er hat keinen Deal
mit DHL – das wär zu viel!

1 2 3
4 5 6
7 8 9
* 0 #

Arbeitsoptimierung

*Was soll ich nur zu Mittag kochen?
Die Frage stellt sich mir seit Wochen.
„Rösti wär´n super", denk ich mir,
muss nur Kartoffeln hol´n dafür.
Hab einen Sack im Keller stehn
und werde jetzt gleich runtergehn,
um ihn mir heraufzubringen,
zusammen mit noch andren Dingen
wie Scheuermilch und Klopapier,
weil ich Arbeit gern optimier.
Drum nehm ich die Flaschen mit vom Bier,
das Pulver für die Waschmaschine
und für die Lampe eine Birne.
Das Pulver bring ich zur Waschmaschine,
die Lampe kriegt die neue Birne...
Dann steh ich da
und denke mir:*

*„Verflixt noch mal, was wollt ich hier?"
War´s Spülmittel, Klebstoff, was zum Essen?
Mir fällt´s nicht ein, ich hab´s vergessen!
Ich räum erst mal die Flaschen auf
und hoffe stark, ich komm noch drauf.
Da seh am Boden ich ´nen Fleck –
den wische ich mal eben weg.
Leere Gläser stehn da auch noch –
die nehm fürs Altglas ich mit hoch,
und eine Küchenrolle auch,
weil ich die sowieso bald brauch.
Mit so viel wie ich tragen kann bepackt
geh ich nach oben dann.
„Wo sind jetzt die Kartoffeln hin?",
frag ich mich, als ich oben bin.
Schon als ich das denke, ist mir klar,
der Sack ruht noch da, wo er war.
Ich muss jetzt wohl – mit viel Gestöhn –
noch einmal in den Keller gehn.
Lauf zielstrebig runter und ich pack
mir sofort den Kartoffelsack.
Der Sack ist schwer.
Ich ächze und schleppe
ihn hoch die steile Kellertreppe.
Und sollte da unten irgendwas stehn,
das will ich jetzt einfach nicht sehn,
auch wenn es laut schreit*

„RÄUM MICH AUF!" –

*ich hör nicht drauf,
weil – das wird gleich jedem klar –
ich oft genug im Keller war,
denn so was passierte, grob geschätzt,
mir vor drei Stunden erst zuletzt.
Als Trost für mich nehm ich so mit:
Ich bin zwar schusslig, aber fit!*

108
110
103

Schlaflos

Ich kann heut Nacht wieder nicht schlafen,
drum greif zum Trick ich mit den Schafen.
Ich zähl und zähl bis hundertdrei,
dann ist ein schwarzes Schaf dabei.
Ich denke mir: Das kann nicht sein,
was macht ein schwarzes Schaf allein?
Hab ich denn manche nicht gesehn?
Vielleicht waren´s auch hundertzehn
von diesen weißen Kuschelschafen.
Der Gedanke lässt mich nicht mehr schlafen.
Vielleicht waren´s auch hundertacht,
so grüble ich die halbe Nacht.
Und in der Zwischenzeit, oh Schreck,
mindestens achtzig sind schon weg!
Und ich hab sie nicht mitgezählt!
Was ist, wenn eins davon jetzt fehlt?
Oder auch viele, schwarz und weiß!
Vor Schreck wird es mir siedend heiß.
In meinem Kopf blöken und laufen
Schafe schwarz/weiß - ein Riesenhaufen!
Unmöglich, alle zu erfassen -
so muss ich sie halt laufen lassen!
Und mittlerweile ist es drei.
Die Nacht ist auch schon fast vorbei.
So wart ich auf das Morgengrauen,
dann werd´ ich nach den Schafen schauen.

Die Nase

Im Winter, wenn ich laufen geh,
läuft auch die Nase mit.
Sie ist sehr schnell, muss ich gestehn,
ich halte kaum noch Schritt.
Ich gebe es nur ungern zu -
sie läuft mir oft davon.

Doch mittlerweile seh ich´s ein:
Sie hat mehr Kondition.
Und selbst wenn ich nach Hause komm -
sie hört und hört nicht auf.
Es bremst sie nur ein Taschentuch
in ihrem schnellen Lauf.

Dagmar Witte

Am 17. Mai 1954 in Kaufbeuren geboren. Kindheit und Jugend in Kaufbeuren, Erding, Ingolstadt, Leipheim und wieder Kaufbeuren – einhergehend mit mehreren Schulen an mehreren Orten – nicht weil rausgeflogen, sondern versetzungsbedingt durch die Bundeswehrzugehörigkeit des Vaters. Abitur in Kaufbeuren, danach abgeschlossenes Studium für Lehramt in München. In Kaufbeuren Nachhilfe in Mathe genommen, mit dem Ziel, den Typ zu angeln sowie nicht wegen Mathe durchs Abi zu fallen. Hat funktioniert: Abi bestanden und mittlerweile fast 50 Jahre mit dem Typen verheiratet.
Da für „Ausländer“ (Staatsexamen in Bayern) in Baden-Württemberg keine Arbeitsmöglichkeit bestand und der Ehemann an der Uni Karlsruhe beschäftigt war, erst mal Familienplanung betrieben.
Durch die beiden Kinder – hätte hierfür eigentlich auch noch ein Ehrenabi verdient – sechs tolle Enkelkinder in allen Altersstufen.
Dann von Karlsruhe nach Limburg gezogen (Nähe Frankfurt, der Typ wechselte zur Lufthansa). Mittlerweile seit 28 Jahren Geschäftsführerin eines kleinen Software-Unternehmens, das – hätte man es so weitermachen lassen wie zuvor – vermutlich nicht mehr lange überlebt hätte. Gedichte haben schon sehr früh eine Rolle gespielt, und vor allem die von Heinz Ehrhard, Ringelnatz und Loriot waren auch schnell und mühelos auswendig gelernt. Als Kind wurde auch schon ein wenig gedichtet und später wurden für die völlig verzweifelten eigenen Kinder, welche die Hausaufgabe hatten, Reimendes zu verfassen, Limericks und Gedichte geschrieben (welche angeblich zu leichten Tumulten im Lehrerzimmer führten). Hobbys sind u.a. Garten, Reisen und nicht nur Steiff-Bären …
Seit die Kinder aus dem Haus sind und sofern nicht das Haus umgestaltet wird (neue Fliesen, Tapeten, kleinere Abrisse und Umbauten – siehe „Nichts als Pannen“) und größere Gartenarbeiten anfallen (siehe „Mörderischer Sonntag“), ist mehr Zeit, selbst wieder Gedichte zu schreiben, und weil alle Testhörer meinten, sie sollten als Buch herausgegeben werden:

HIER ISSES !

Helga Maria Reichart

wurde 1973 in Schongau geboren und lebt jetzt mit ihrem Mann und den beiden Töchtern in Kempten (Allgäu). Nach ihrer Internatszeit hätte sie gerne Graphikdesign studiert, aber ihr Vater überredete sie, zuerst „etwas Gscheits" zu lernen. So machte sie eine Banklehre - noch immer arbeitet sie bei der Sparkasse. Fotografieren und Malen waren all die Jahre ihre großen Hobbys – sie ist heute nebenberuflich als Fotokünstlerin und Zeichnerin tätig.

Seit 2016 erscheinen ihre Illustrationen auf Postkarten und im „Schönen Allgäu" - AVA-Verlag Kempten. In den Jahren darauf folgten verschiedene Ausstellungen ihrer Fotografien und Illustrationen.

Im Jahr 2021 brachte sie im Bauer-Verlag das Buch „Großväterchen Zeit" (ISBN: 978-3-95551-150-0; VK 16,00 Euro) heraus, das auf sehr große Zustimmung stieß. Dies zeigte sich auch bei mehreren Besuchen in Schulklassen.
Als Verleger Josef Bauer eine Illustratorin für die „Schrägen Gedichte" von Dagmar Witte suchte, war Helga seine erste Wahl. Nach einer kurzen Bedenkzeit - die individuelle Bebilderung eines solchen Buches ist ja doch ein enormer Zeitaufwand - sagte sie zu und schon bald stellte sich heraus: Mit Dagmar und Helga hatten sich "zwei gefunden".

Große Pause (bei Regen)

Es ist dunkel und es gießt
und es ist Pause, welch ein Mist!
Genervte Lehrer sieht man rennen
und Schüler wecken, die noch pennen.
Sie sollen an die frische Luft,
doch steh`n sie mehr auf Essensduft.
Keiner von ihnen will hinaus.
Ein Knäuel wälzt sich durchs Treppenhaus.
So mancher wird auch umgerannt
auf dem Weg zum Essensstand.
Dort werden die „Delikatessen“
zuhauf gekauft und gleich gegessen.

Der Regen prasselt auf das Dach.
doch hört man ihn nicht bei dem Krach,
den tausend Schüler, wenn sie frei,
beim Essen machen, nebenbei.
Da wird geschubst, getreten, gestoßen.
So mancher Saft fließt über Hosen,
und während einer Lollis lutscht,
wird gleich daneben rumgeknutscht.

Bis dass der Pausengong ertönt,
der laut durchs ganze Schulhaus dröhnt,
und langsam und mit viel Gestöhn
die Schüler in die Klassen gehn.

Die Pausenhalle liegt verlassen
und nur die leeren Kaffeetassen,
die Coladosen, das Papier,
verschmähte Brote bleiben hier.

Die Schüler, vorher hungrig, schwach,
sollen jetzt lernen, aber Ach!
Jetzt sind sie nur noch satt, faul und
manch einer hat noch was im Mund –
und manchem knurrt auch noch der Bauch.
Mir auch!

Große Pause (bei schönem Wetter)

Es klingelt, es ist große Pause
und es ist schönes Wetter draußen.
Die Schüler werden plötzlich munter
und drängen in den Hof hinunter.
Man stopft sich schnell das Essen rein,
spült es hinunter – fertig. Fein.

Jetzt hat man beide Hände frei
für eine schnelle Keilerei.
Bis dass ein Lehrer trennt den Haufen
und spricht: „Im Schulhof ist das Raufen
doch untersagt, das solltet ihr wissen!"
Worauf die Schüler sich verpissen.

Woanders auf dem Pausenhof
finden die Schüler Rumstehn auch doof.
Nervenkitzel ist angesagt,
drum gibt's eine Verfolgungsjagd.
Richtung „Teich" ist immer gut,
wenn man gern was Fieses tut.
Schnell ist einer ausgespäht,
dem es an den Kragen geht.
Der wird gejagt und landet auch gleich
„rein zufällig" im Bioteich.
Der, obwohl Lehrteich genannt,
voll ist mit Wasser bis zum Rand.
Der Frosch, den dieses arg erschreckt,
hat sich sogleich im Schilf versteckt
und denkt voll Bangen und mit Grausen
schon an die nächsten großen Pausen.

Wem diese Spielchen zu profan,
wer zu erwachsen, macht sich dann
halt an die schärfsten Mädels ran.
Die Mädels halten Ausschau wacker
nach einem total scharfen Macker.
Gedanken an den, die vertreiben
die öden Stunden, die noch bleiben.

Und jene, die der Sucht wolln frönen,
die sind im Raucherhof zum „Klönen".
Der Raucherhof ist leicht zu finden –
`s ist da, wo Schüler gleich verschwinden
in einem Schwaden Nikotin –
kaum sind sie drin.

Wenn`s klingelt, müssen wieder raus se,
das ist der Schluss der großen Pause.

Nur der im Lehrerzimmer trieft
und dessen Nase schon laut schnieft,
der hat für heute ausgesorgt.
Er hat sich`s Telefon besorgt
und seine Mutter alarmiert,
die ihn schleunigst abtransportiert.

Dankeschön

- an alle, die sich freiwillig diese Gedichte angehört haben und der Ansicht waren, sie sollten öffentlich zugänglich sein. Sie waren letztlich die Auslöser für dieses Buch.

- an meinen Mann Norbert, der die Gedichte immer wieder (korrektur-) lesen musste, zahllose Mails verschickt hat, Texte eingetippt hat und auch der Ansicht war, man könne sie der Öffentlichkeit nicht vorenthalten. Er hat - glaube ich - dadurch zum Glück keinen nennenswerten Schaden erlitten.

- an Helga, die scheinbar eine ähnliche Fantasie in Bezug auf ihre Bilder hat, wie ich sie bei meinen Gedichten habe. Sie hat das „Schräge" mit ihren Bildern perfekt in Szene gesetzt.

- an Angela Schulz, die meine Änderungswünsche immer wieder geduldig eingearbeitet hat. Insbesondere ihr ist die sehr ansprechende Gestaltung dieses Buches zu verdanken.

- an Josef Bauer, der sich bereit erklärt hat, etwas so „Schräges" in seinen Verlag mit aufzunehmen. Er hat sich dabei nicht nur um alles Organisatorische gekümmert, es ist ihm glücklicherweise auch gelungen, Helga für die Illustration des Buches zu gewinnen.